¡Sssssshhhhhhhhhhh!

Haz del teatro algo íntimo

Llévalo siempre en el bolsillo

Cubierta y diseño editorial: Éride, Diseño Gráfico
Dirección editorial: ángel jiménez

Primera edición: marzo, 2024

La azotea

Espronceda, 5
28003 Madrid

VdB®

ISBN: 978-84-19850-40-9
Depósito Legal: M-6134-2024
Diseño y preimpresión: Éride, Diseño Gráfico

la azotea

Obra en un acto

Juan Carlos Martín

Nacido en Madrid. Comienza su carrera en 1984, con el musical *Runaways*, de las manos de Daniel Bohr, género en el que lleva ya veintiún montajes: *Chicago* (Premio Max); *Hello, Dolly* (Premio Max); *Carmen, Carmen*, (Premio Mejor Actor de la crítica); *La bella Helena*; *La tienda de los horrores*; *Más de 100 mentiras* (Premio «Gran Via» al Mejor Actor de Reparto); y el último *Billy Elliot*.

Fuera del teatro musical estrena *La muerte de un viajante*, *Baraka*, *Pelo de tormenta* o *Fuenteovejuna*, entre otras.

Rostro habitual en series de TV como *El pueblo*, *Vota a Juan*, *Cuéntame*, *Luna negra*, *Yo soy bea* o *El comisario*, etc. Y como presentador de programas en *Videos de primera*, *El trivial* o *Vip Goles*, entre otros.

Paralela a esta actividad, realiza la de guionista de programas tan emblemáticos como *Vip Noche*, *Videos de primera* o *Por la mañana*.

No se resiste a probar en la radio (Ondacero), en el doblaje, ni siquiera en el circo (El Circo del Arte).

Sus últimos trabajos son como director llevando ya doce montajes. En la actualidad tiene en cartel dos funciones como autor y director: *La azotea* y *Los innombrables*.

JUAN CARLOS MARTÍN

la azotea

Obra en un acto

Esta obra se estrenó en el Teatro Arlequín de Madrid
el 12 de octubre de 2022 interpretada
por Susana Cerro (SUSI) y Javier Naya (ÁNGEL).

Dirección: Juan Carlos Martín.

Personajes

Susi

Ángel

Oscuro.

Ruido lejano de tráfico mínimo, camión de la basura, mangueras limpiando las calles, etc. es de noche. Al entrar la luz, vemos solo iluminada la cara de Ángel. *Al abrir la luz descubrimos que está al borde del escenario mirando hacia abajo. Mediana edad, trajeado, elegante, sin corbata. Al fondo una pantalla donde se proyecta la noche de madrid. Algún elemento corpóreo como alguna salida de humos o similar. Da un paso al frente y parece que se asoma. Está en una azotea. Se echa para atrás. Suda. Se para. Vuelve a adelantarse. Cierra los ojos, respira hondo. Levanta un pie.*

Y...

Susi — Perdone... ¡Perdone! (*Es* Susi. *Misma edad. Atractiva. Bien vestida aunque más modestamente que él, pero con gusto. Está al fondo del escenario.* Ángel *queda en equilibrio.*) No sé como preguntárselo pero... ¿le queda mucho?

Ángel — ¿Cómo?

Susi — No sé como va esto... No sé si tengo que esperar mi turno... o... (Ángel *no sabe que contestar.*) Será mejor que espere... (Ángel *la mira.*) Espero... espero...

(SUSI *da dos pasos atrás. Silencio.*)

ÁNGEL ¿Se va a quedar ahí, mirando?

SUSI Sí... ¡No! Quiere usted hacer eso... a solas ¿verdad?

ÁNGEL Pues hombre...

SUSI Bueno, yo... me quedo ahí... Ahí...

(*Se aparta a un lado, al fondo.*)

ÁNGEL Bien... bien...

(ÁNGEL *retoma el movimiento. Lo va a hacer. se va a tirar.* SUSI *lo interrumpe.*)

SUSI Perdone. ¿Cómo sabré...?

ÁNGEL ¿Qué....?

SUSI ¿Cómo sabré que...? Bueno... ¿cómo sabré que ya ha terminado?

ÁNGEL Le avisaré mientras bajo...

SUSI De acuerdo...

(ÁNGEL *retoma. Se acojona.*)

ÁNGEL No puedo... No puedo... Mejor hágalo usted primero...

SUSI No, no se moleste.

ÁNGEL No es molestia. Pase, pase…

SUSI Gracias. (*Quedan los dos en el borde.*) Me gustaría… estar sola… del todo…

ÁNGEL Claro, lo entiendo. ¿Quince minutos…?

SUSI Bien…

ÁNGEL Perfecto…

(ÁNGEL *se echa para atrás. Tropieza. Ella le ayuda.*)

SUSI ¡Cuidado!

ÁNGEL ¡Ay!

SUSI ¡Por poco!

(*Se apartan del borde.*)

ÁNGEL Sí… Ya… No pretendí ser maleducado. Si le dije que lo hiciera usted primero… era para que lo hiciera usted primero…

SUSI Ya, ya…

ÁNGEL Al echarme para atrás…

SUSI Lo vi, lo vi…

(*No saben muy bien qué hacer.*)

Ángel Adelante, adelante…

Susi Sí, pero…

Ángel Quince minutos… Sí. (*Se retira.*) Que vaya bien… Quiero decir que… ¿Suerte? No sé… ¿Qué se dice en estos casos?

Susi ¿Qué casos?

Ángel Pues… en estos… casos…

Susi ¡Ah! Nada… ¿Buen viaje?

Ángel No sé yo…

(Susi *sonríe.*)

Susi Me llamo Susi.

Ángel Ángel.

Susi ¿Ángel? Tiene gracia.

Ángel ¿Llamarme Ángel tiene gracia?

Susi Tiene gracia que se llame así y se vaya a tirar de una azotea. Así cualquiera.

Ángel No acabo de…

SUSI ¡Pues que volará! ¡Los ángeles tienen alas!

(*La mira.* SUSI *se ríe.*)

ÁNGEL Ya.

SUSI ¿Lo ha cogido?

ÁNGEL Sí.

SUSI Pero ¿no le hace gracia?

ÁNGEL No sé… ¿debería?

SUSI Déjelo… (*Lo mira más detenidamente.*) ¿Es usted…?

ÁNGEL ¿Eh? No…

SUSI Su cara me suena…

ÁNGEL No… No…

SUSI Sale en la tele…

ÁNGEL Susi, ¿verdad?

SUSI Sí.

ÁNGEL Susi… No es el mejor momento para hablar de esto.

SUSI — Tiene razón... (*Pausa. Suena un móvil. Los dos se miran. Es el de* SUSI.) Perdone. (*Lo coge.*) ¿Sí? No mamá, no voy a ir a cenar. (*Pausa.*) Tengo cosas que hacer. No, no estoy en casa. (*Pausa.*) No, no te voy a llamar cuando llegue. Sí mamá, vale mamá, adiós mamá. (*Se aparta un poco.*) Yo también... que yo también... ¡Que yo también te quiero! (*Cuelga.*) Las madres... ya se sabe...

ÁNGEL — Sí...

(*Suena otro móvil. Mismo sonido. Mismo juego.*)

SUSI — ¡Mamá ya te he dicho que no voy a ir a cenar! (*Sigue sonando.*) No es el mío.

ÁNGEL — ¡Ah! ¡Vaya! Suenan igual. ¿Sí? No... No estoy interesado en cambiar de compañía telefónica. No... Sí, tengo fibra... Pero no... Me pilla en una reunión... ¿Eh? ¿Que si me reúno a las doce de la noche? ¡Oiga, yo me reúno a la hora que me da la gana! ¡Y eso digo yo! ¿A usted le parece normal llamar a las doce de la noche para ofrecer fibra asimétrica? Sí, llámeme otro día... Sí, sí, sobre esta hora está bien... Muchas gracias. (*Cuelga.*) ¡Joder!

SUSI — ¿Qué?

ÁNGEL — Era una buena oferta.

(*Los dos se ríen.*)

SUSI Siempre llegan tarde.

ÁNGEL ¿Quiénes?

SUSI Las ofertas. Cuando ya no las podemos aceptar.

ÁNGEL Supongo que si.

SUSI O quizás las vemos tarde...

ÁNGEL No sé.

SUSI ¿Te puedo tutear?

ÁNGEL En estas circunstancias yo creo que sí.

SUSI ¿Qué haces aquí?

ÁNGEL Es un buen sitio.

SUSI Ya sabes lo que quiero decir.

(ÁNGEL *la mira. No quiere hablar.*)

ÁNGEL ¿Y tú? Da igual, no quiero saberlo. En realidad no me importa lo más mínimo.

SUSI Gracias...

ÁNGEL No he querido decir eso, perdona... Es...

SUSI Lo sé, tranquilo.

Ángel Disculpa... (*Pausa.*) Este no es un buen sitio para hacer amigos, ¿verdad?

Susi Es tan bueno como otro cualquiera.

(*Pausa.*)

Ángel ¿Sabes? No me imaginaba que esto iba a ser así. A ver si me entiendes... Pensé que sería llegar y...

Susi Yo tampoco. Si lo hubiera sabido hubiera pedido cita previa. ¿Es la primera vez?

Ángel ¿Qué...? Sí. Claro. ¿Tú... ya...?

Susi Sí. Es la tercera.

Ángel ¿La tercera?

Susi Sí.

Ángel ¡Eres toda una experta!

Susi ¡No es para tanto! La primera fue en la estación de Atocha... Me tumbé en las vías del AVE.

Ángel Ya veo que no te salió bien, quiero decir, que no funcionó.

Susi Huelga de RENFE. ¡Ni servicios mínimos hubo! ¡Qué país! Encima me costó una multa de trescientos euros. La segunda, fue más...

romántica... El puente de Segovia... ¡Como los antiguos amantes despechados!

ÁNGEL Ahí lo tenías más fácil, bastaba con saltar.

SUSI Eso pensaba yo. Pero me pilló una manifestación a favor del movimiento LGTBI. Creyeron que lo iba a hacer para defender sus derechos y bueno... Faltó que me pusieran un colchón de plumas abajo... Imposible... ¡Eso sí! Fui portada de la revista Shangay del mes de Noviembre. ¡Su nueva musa!

ÁNGEL Ja, ja, ja... Tiene gracia...

SUSI No, no la tiene. Me costó otros trescientos euros. Y hoy. Pero por lo visto, se está torciendo la cosa.

ÁNGEL Oye, perdona, si... si quieres... No me gustaría ser un impedimento... Quiero decir que...

SUSI Eres muy amable. Tranquilo. Todavía queda mucha noche.

ÁNGEL Mucha noche... (*Ensimismado.*) Eso es lo malo, que todavía queda mucha noche.

SUSI Depende de para qué.

ÁNGEL ¿Perdona?

SUSI Que depende para qué, es malo o no.

Ángel — Supongo.

Susi — Si tienes dudas, se te puede hacer muy larga pero si no las tienes, la noche durará lo que tú quieras. (Ángel *se queda colgado al oír esa sentencia.* Susi *lo nota.*) Lo leí en algún sitio... No recuerdo...

Ángel — (*Se asoma.*) A estas horas, pensaba que iba a estar encima de mi coche...

Susi — (*Se asoma.*) ¿Ese es tu coche?

Ángel — Sí.

Susi — ¡Joder! Es un cochazo. No vives mal ¿eh? (*Le da un codazo y por poco cae.*) Perdona... Quería decir que... No quería decir nada.

(*Se apartan.*)

Ángel — Te entiendo... Pero solo es un coche.

Susi — ¡Sí, hombre! Anda que tienes un Panda.

Ángel — Bueno, puedo permitírmelo.

Susi — Ya, ya... (*Pausa.*) ¿Cuántos kilómetros tiene? ¿Es híbrido, híbrido enchufable, de pila de nitrógeno o eléctrico?

Ángel — Gasolina. ¿Quieres comprármelo?

SUSI Es para mi padre. Nunca ha tenido un coche así. Me gustaría que tuviera uno de esos antes de que se muera.

ÁNGEL ¿Se va a morir?

SUSI ¡Pues como todos! ¡Cuando le llegue su hora! ¡Como tú! Bueno, no, tú antes... (ÁNGEL *se queda descolocado.*) Si es que te...

ÁNGEL Claro, claro.

(*Pausa.*)

SUSI ¿Tiene los papeles en regla?

ÁNGEL ¡Por supuesto!

SUSI ¿Ha pasado la ITV?

ÁNGEL Es de este año. No tiene que pasarla.

SUSI ¿Qué pides por él?

(ÁNGEL *no sabe qué contestar.*)

ÁNGEL No sé... ¡Esto es un poco absurdo!

SUSI Absurdo ¿por qué? ¡Qué más te da si ya no lo vas a usar! Te tiras un poco más para allá y listo.

ÁNGEL Sí, no sé...

Susi ¿Qué te costó?

Ángel Lo pagó la empresa.

Susi ¿Con tarjeta? ¿¡No me irás a decir que eres uno de esos corruptos!? ¿Por eso has elegido la terraza del edificio de Bankia? Ya decía yo que me sonaba tu cara.

Ángel No, no. No. Esto es porque... (*Mirando el sitio.*) Siempre me gustó la Plaza de Castilla. No sé... Torre Picasso está demasiado cerca del Santiago Bernabeu y yo soy del Atleti.

Susi Ya, y en el Wanda es todo descampado.

Ángel Ja, ja... No es por eso. ¿Te gusta el fútbol?

Susi Ni en pintura. Jamás he entendido qué tiene de emocionante veintidós tíos en pantalón corto detrás de un balón.

Ángel ¡Típica frase de las mujeres!

Susi Es verdad.

Ángel Ya, ya... Ahora vendrá eso de que es vergonzoso que los futbolistas ganen ese dineral.

Susi Es que es vergonzoso. ¿Por darle patadas a un balón?

ÁNGEL Por hacer que ochenta o noventa mil personas paguen una entrada para verlos.

SUSI Lo que es yo, iba a pagar, si…

ÁNGEL ¿Por qué todas las…? Mejor me callo…

(ÁNGEL *se calla por no volver a saltar.*)

SUSI Te he activado, ¡eh!

(*Los dos se ríen.*)

ÁNGEL La verdad es que forofo… forofo… no soy…

SUSI ¡Menos mal! ¿Y el coche?

ÁNGEL ¿Qué coche?

SUSI ¿Me lo vendes o no?

ÁNGEL Mira, vamos a hacer una cosa… (*Saca unas llaves.*) Dejo aquí las llaves… Si me tiro, te quedas con él…

SUSI ¡Ya! ¿Y los papeles?

ÁNGEL Es verdad… los papeles.

(SUSI *saca un cuaderno del bolso y un boli.*)

SUSI Espera… Vamos a hacerlo bien. Vamos a ponerlo por escrito.

ÁNGEL ¿El qué?

SUSI Que me regalas el coche.

ÁNGEL ¡Ah!

SUSI A ver... Yo... Ángel.... Lo que sea. Con Documento Nacional de Identidad número... Ahora lo rellenas tú. En pleno uso de mis facultades mentales... Bueno... eso no sé si ponerlo...

ÁNGEL ¿Crees que estoy mal de la cabeza?

SUSI ¡Hombre...!

ÁNGEL Ya...

SUSI ¡Claro, si me vas a regalar ese cochazo por el morro, muy bien no estás!

ÁNGEL ¡Si me tiro!

SUSI Si te tiras... ¡Eso también apoya mi teoría! Bueno... (*Tacha.*) Yo, Ángel... lo que sea... Con Documento Nacional de Identidad número... Dejo mi coche con matrícula... ahora la pones... para su uso y disfrute de por vida, a Don... a Don Julián Vélez, natural de Madrid, con DNI... que lo rellene él... Firmado a... ¿Hoy qué es?

ÁNGEL Ya... Martes.

SUSI De número.

ÁNGEL Trece.

(SUSI *lo mira.*)

SUSI Je, je...

ÁNGEL Si...

SUSI Firmado a trece de enero de 2022. Firma.

ÁNGEL Esto no vale para nada. Al menos tendrá que pagar el impuesto de sucesiones. Y matricularlo a su nombre en Tráfico. No sé cuanto es eso, pero...

SUSI ¡Déjalo! ¡Qué follón para cualquier cosa! Además debe consumir un huevo. No tendría dinero para gasolina tal como está la cosa. Tírate donde quieras. ¿Qué otras cosas tienes?

ÁNGEL ¿Perdona?

SUSI Sí... ¿Casa? ¿Barco? ¿Algún cuadro de valor?

ÁNGEL Esto ¿qué es? ¿Un mercadillo?

SUSI Déjalo. Está claro que no tienes alma de donante.

(*Pausa.* ÁNGEL *se queda pensando.*)

ÁNGEL ¿Qué habrá después?

SUSI ¿Después de qué?

ÁNGEL Después... Ya sabes...

SUSI Ah, vendrá la policía, harán el levantamiento del cadáver. Un funeral, misas... Tus amigos llorando, ¡lo típico!

ÁNGEL Ya, ya... quiero decir... en el otro lado... ¿Habrá oscuridad? (SUSI *hace un gesto de no saber ni querer saberlo.*) ¿Silencio? ¿Dolerá?

SUSI ¡Hombre si te tiras desde una azotea, digo yo que por lo menos te va a escocer un poco! O a lo mejor se te para el corazón durante la caída.

ÁNGEL ¡Calla, me estás poniendo mal cuerpo! Me refiero a después... Después de muerto... ¿Dolerá?

SUSI ¡Y ya qué más da! Anda, que haces unas preguntitas. ¡Yo que sé! No me he muerto nunca.

ÁNGEL ¿Será cierto eso que dicen de que cuando te vas a morir, pasa por tu cabeza la película de tu vida?

SUSI Eso es cuando te mueres de viejo, o en un hospital, no cuando te tiras al vacío. No creo que dé tiempo. Como mucho será un cortometraje.

ÁNGEL No sé si me apetece verlo.

SUSI ¡Ah! Cortarías cosas del montaje final ¿eh? La censura sigue viva en el siglo XXI... (ÁNGEL *no contesta. Está en su mundo.*) Bueno... Empieza.

ÁNGEL ¿Que empiece a qué?

SUSI A contarme cosas.

ÁNGEL ¿De qué?

SUSI ¿Qué piensas de los peces de piscifactoría? ¿Crees que son fuente importante de omega3? (ÁNGEL *la mira sin saber.*) De ti, ¡claro!

ÁNGEL ¿Y por qué debería contarte cosas?

SUSI Porque te he preguntado. Es de mala educación no contestar.

ÁNGEL (*Pausa.*) Eres un poco cotilla, ¿sabes?

SUSI Yo prefiero que me llamen curiosa. Me gusta saber con quien hablo.

ÁNGEL Quieres saber por qué me iba a... por qué me voy a... tirar ¿no es eso?

SUSI Hombre, ya que has sacado el tema.

ÁNGEL Está bien, te lo diré. No es muy original pero...

SUSI Ponle fantasía...

ÁNGEL (*Se queda mirándola.*) Eres muy rara...

SUSI Cotilla, rara... Me estás poniendo a parir.

ÁNGEL Perdona. Lo que quiero decir es que... estás demasiado llena de vida para querer...

SUSI Suicidarme. Dilo. No escondas más esa palabra.

ÁNGEL Sí. Demasiado llena de vida para querer suicidarte.

SUSI A lo mejor ya he vivido todo lo que tenía que vivir. A lo mejor no me gusta la vida que llevo. A lo mejor no he venido aquí para suicidarme.

ÁNGEL A lo mejor te estás quedando conmigo.

SUSI A lo mejor.

(*Pausa.*)

ÁNGEL ¿Te manda mi ex mujer?

SUSI ¿Tienes ex mujer? ¡Ja, ja... esto se anima!

ÁNGEL ¿Te manda ella? ¿Le preocupa quedarse sin pensión? ¿Es eso? ¿O quiere asegurarse de que lo hago? (*Se acerca al borde.*) ¿Quieres que lo haga? ¿Quieres que me tire? ¡Venga, empújame!

SUSI Si te empujara no sería un suicidio.

(*Pausa.*)

ÁNGEL No vienes por ella, ¿verdad?

SUSI No.

ÁNGEL Lo siento.

SUSI Yo no. Ya me he enterado de algo más. Que tienes un cochazo, una ex mujer y que cortarías los extras en el DVD de tu vida. Está costando pero al final… voy sabiendo qué te pasa.

(ÁNGEL *se marea.*)

ÁNGEL Ay… Ayúdame por favor… Me estoy mareando… Ay…

(SUSI *lo agarra y se sientan en el suelo. Le da a beber de una botella de agua.*)

SUSI Toma.

ÁNGEL (*Bebe y escupe.*) ¿Qué es esto?

SUSI Vodka.

ÁNGEL ¿Vodka? ¡No bebo vodka! Aghh…

SUSI ¡Y yo qué sé!

ÁNGEL Vodka…

SUSI Sí, me regalaron una garrafa y me lo voy bebiendo poco a poco.

ÁNGEL ¿Y lo llevas en una botella de agua?

SUSI ¡Claro! ¿No sabes que está prohibido el botellón? Si te pillan… (ÁNGEL, *entre el vodka y al sentarse, se encuentra mejor.* SUSI *echa un trago.*) ¿Mejor?

ÁNGEL Sí. Gracias.

(Pausa.)

SUSI Cuéntame… Cuéntame cosas de ti… Quiero saber quién me ha dado la vez…

ÁNGEL Ya te he dicho que mi vida no es nada del otro mundo.

SUSI ¡Menos mal! Me acojonaría si de repente me dices que eres un extraterrestre y que vienes de otra galaxia. «Ya están aquí…». (ÁNGEL *la mira sin entender.*) Cuenta.

ÁNGEL De acuerdo. A ver por dónde empiezo…

SUSI Por el principio.

ÁNGEL Trabajo... trabajaba en una empresa familiar, heredada de mi padre. Bueno, más que una empresa. Un *Holding*.

SUSI ¡Ay! La manía de utilizar expresiones en inglés.

ÁNGEL ¿Cómo lo dirías tú?

SUSI ¡Un huevo de empresas!

ÁNGEL Ja, ja... Sí, la verdad es que está bien dicho. Mi padre era un gran empresario, que tenía... un huevo de empresas. Se forró explotando a todo al mundo. Esto lo averigüé más tarde, claro. Cuando era pequeño, solo veía a un hombre, al que casi nunca veía, que era el retrato del éxito. En mi casa me enseñaron eso de «tanto tienes, tanto vales».

SUSI Mal consejo.

ÁNGEL Sí.

SUSI ¿Hijo único o tienes hermanos?

ÁNGEL No. Soy yo solo.

SUSI ¿Niño mimado?

ÁNGEL Supongo que sí. ¡Ya me hubiera gustado tener hermanos!

Susi Hubieras tocado a menos… *holding*.

Ángel Se lo habría regalado todo a ellos.

Susi Sigue.

Ángel Cuando tenía veintiun años, mi padre murió en un accidente de avión. Iba con una dominicana veinticinco años más joven que él, a pasar unos días en un resort en el Caribe.

Susi ¡Un resort!

Ángel Sí, un complejo turístico…

Susi Sí, sé lo que es. Me hace gracia como hablas… Solo eso. ¿Y cómo sabes que iban juntos? Habría más gente en el avión.

Ángel No en ese. Tenía un jet privado. Y aparte…

(Ángel *se queda callado.*)

Susi ¿Qué…?

Ángel La dominicana era mi novia.

Susi ¡Vaya! La cosa se pone interesante… ¿Y decías que no era original? El comienzo es de culebrón… ¡vamos!

Ángel No lo había pensado pero sí… tienes razón…

SUSI ¿Y tu madre?

ÁNGEL ¿Mi madre? Rápidamente conoció a otro hombre de negocios y es inmensamente feliz… Proporcionalmente feliz a la fortuna de su nuevo marido…

SUSI ¿Y tu…? ¿La dominicana?

ÁNGEL También murió en el accidente.

SUSI Casi mejor. ¡Ups! Perdona, ha sonado un poco fuerte.

ÁNGEL Sí, pero tienes razón. Hubiera sido complicado pedir explicaciones.

SUSI ¿Era tu novia de siempre?

ÁNGEL No… Llevábamos solo unos meses…

SUSI ¿Estabas enamorado?

ÁNGEL ¿Enamorado? No. Me divertía. Me entretenía. Pero enamorado… son palabras mayores.

SUSI ¡Ah! Lo has estado…

ÁNGEL ¿De qué hablas?

SUSI Estabas hablando tú. De cuando estuviste enamorado.

ÁNGEL Yo no he dicho nada de eso.

SUSI Pero lo he notado en tus ojos... Se han abierto más cuando has hablado de amor.

(Pausa.)

ÁNGEL Sí... Bueno, creo que sí. Por lo que cuentan, es lo más parecido al amor que he conocido.

(Pausa.)

SUSI ¡Hijo!

ÁNGEL ¿Qué?

SUSI ¡Sigue!

ÁNGEL ¿Que siga? Ya te he contado muchas cosas.

SUSI Sí, me has contado la vida de tus padres pero no la tuya.

ÁNGEL Vale... Cuando murió mi padre, me hice cargo del... del huevo de empresas y las llevé a la ruina.

SUSI Eso es complicado, aún en estos tiempos. ¿No estabas preparado?

ÁNGEL Formado, sí; preparado, no.

SUSI ¿Eso qué quiere decir exactamente?

ÁNGEL Digamos que, mi forma de llevarlo no era la misma que la de mi padre.

SUSI Ya. Tú eres honrado.

ÁNGEL Procuro serlo.

SUSI Espera... De eso me sonaba tu cara... Ángel Expósito... ¡Claro! El heredero de... ¡Claro! Puff, la que armaste... Sobre todo cuando entregaste en Hacienda la lista esa... Lo que me extraña es que sigas vivo. ¡Fue genial!

ÁNGEL Pregúntaselo a los de la lista...

SUSI ¡Anda y que se jodan! Ojala todos hicieran lo mismo que tú.

ÁNGEL No sirve para mucho. No cambia nada... solo los nombres... Esos desaparecen, sí, pero llegan otros... El mismo perro con distinto collar.

SUSI Pero no por eso, vamos a dejar de tener mascota, ¿no?

(Pausa.)

ÁNGEL ¿Ves? A eso me refería antes.

SUSI ¿Qué?

ÁNGEL Cuando dije que eras rara. De todo sacas la parte positiva.

SUSI Si la tiene ¿por qué no la voy a sacar?

ÁNGEL Porque no siempre la tiene. Por eso no me cuadra que alguien como tú, esté aquí esta noche.

SUSI ¿No te cuadra? ¿Todo tiene que ir en su sitio en tu vida? ¿Cuadriculado? ¿Y dónde queda la sorpresa…? ¿La aventura…? ¿Lo inesperado?

(*La mira con envidia.*)

ÁNGEL En mi vida nunca ha habido sitio para eso…

SUSI Pues entonces no has vivido.

ÁNGEL Ya. ¿Y tú?

SUSI Eh, no vayas tan deprisa que no has terminado… Continúa…

ÁNGEL ¿Qué más quieres saber?

SUSI Tu ex mujer.

ÁNGEL Vale. Es la hija de un socio de mi padre. Cuando él murió, mi madre vio en ella una buena razón para que me casara.

SUSI Pero no la querías…

ÁNGEL Ella no tiene culpa de nada. Marta es una buena chica.

SUSI Marta…

ÁNGEL Sí. Ella sí estaba enamorada. Yo lo intenté pero…

SUSI Esas cosas no se intentan. Se sienten o no.

ÁNGEL Pues yo no lo sentía.

SUSI Así que te separaste. Espera, seguro que fue ella. ¿Fue ella?

ÁNGEL Ella.

SUSI Bueno, os separasteis. Marta se quedó con la casa, el chalet de la playa, dos coches, casi todo el dinero en metálico… bueno, en cash, como decís vosotros, y encima le tienes que pasar una pensión de 4500 euros al mes. ¡Manda cojones! ¡Y eso que no tenéis hijos!

ÁNGEL ¿Cómo sabes todo eso?

SUSI Lo leí en las revistas.

ÁNGEL ¿Lees revistas de esas? No te pega.

SUSI Solo cuando me aburro.

ÁNGEL Pues ya lo sabes todo.

SUSI Pero no sé por qué te quieres suicidar.

(Pausa. Se miran.)

ÁNGEL ¿Y tú?

SUSI ¿Siempre dejas todo a medias?

(Pausa.)

ÁNGEL A lo mejor ese es uno de mis problemas.

SUSI ¿Eyaculación precoz?

ÁNGEL ¿Cómo dices?

SUSI Es broma. ¿Dejas todo a medias?

ÁNGEL La mayoría de las veces. Es una manera de decirlo. Dirijo el negocio de mi padre, cuando en realidad no quiero hacerlo. Me caso, aunque no estoy enamorado de mi mujer.

SUSI ¿Y hoy?

ÁNGEL ¿Hoy qué?

SUSI ¿También lo vas a dejar a medias?

ÁNGEL ¿Te importaría?

SUSI Sí. ¡No! Quiero decir… que cada uno debe ser libre de hacer lo que quiera con su vida…

ÁNGEL ¡Libre! Bonita palabra. ¡Libre!

SUSI Es lo que somos, ¿no?

ÁNGEL Es lo que nos dicen que somos.

SUSI ¿Y qué te lo impide?

ÁNGEL ¿De verdad me preguntas eso?

SUSI De verdad.

ÁNGEL Eres una ingenua... El mundo no está hecho como tú te crees... Las cosas no son tan sencillas.

SUSI ¿Ah, no?

ÁNGEL No.

SUSI Ya, y ahora, me vas a soltar un rollo político-social de esos de: todo se mueve por intereses, el poder del dinero, las clases sociales, etc, etc... Todo eso ya lo sé.

ÁNGEL ¿Entonces?

SUSI Tú ya empezaste a ser libre. (ÁNGEL *la mira sin entender bien.*) Desde el momento en que denunciaste a esos mangantes. No podías seguir engañando a la gente y jugando con su dinero, con sus ilusiones y con el esfuerzo de su trabajo.

ÁNGEL ¿Y para qué ha servido? Mira dónde estoy.

SUSI En una azotea, en una noche preciosa, con una chica guapa charlando sobre la libertad. No es mal plan, ¿no?

ÁNGEL Ja, ja... Eres... eres...

SUSI ¿Qué? ¿Amazing?

ÁNGEL Ja, ja... ¡Sí! Nunca había conocido a nadie como tú.

SUSI Eso es que sales poco. (*Pausa.*) Sigo sin saber por qué estás aquí.

(*A* ÁNGEL *le cuesta seguir hablando.*)

ÁNGEL He fracasado. He fracasado como persona, como amigo, como marido. Le fallé a mi padre, a mi mujer y lo que es más importante, me he fallado a mí.

SUSI Por ahí vamos bien...

ÁNGEL Toda mi vida, he hecho lo que los demás querían que hiciera. Yo no quería estudiar empresariales pero lo hice. Tengo un master en dirección y Gestión de Empresas. Master en Dirección Financiera y Controlling... y me importan una mierda... Nunca he podido llegar a nada por mi mismo.

SUSI Esos títulos no te los regalaron, ¿no?

ÁNGEL Quiero decir que nunca he podido hacer lo que me gusta… y acertar. Denunciar a esa gente ha sido lo único que he decidido yo y mira como he terminado.

SUSI Es que eso no es el fin, es el principio.

ÁNGEL ¿El principio de qué?

SUSI De lo que quieras. Dices que por primera vez en tu vida has decidido algo por ti mismo. ¿No le has cogido el gustillo?

ÁNGEL No acabo de pillarte…

SUSI O tienes miedo a pillarme. Sabes muy bien de lo que te estoy hablando. Nadie está inmunizado contra el fracaso. Existen vacunas para un montón de enfermedades infecciosas y cada día más, pero no existe ni será creada jamás una vacuna anti-disgusto, anti-fracaso o anti-problema.

ÁNGEL Estaría bien.

SUSI Nunca digas «yo no me puedo disgustar», «yo no puedo fracasar», cuando para ser justos deberías decir: «yo no he aprendido a disgustarme», «yo no he aprendido a fracasar», «yo no he aprendido a tener problemas».

ÁNGEL ¿Eres psicóloga?

SUSI ¡Uy no! ¡Qué coñazo! Decirle a la gente lo que ellos ya saben, a cambio de dinero... No... Yo lo hago gratis.

ÁNGEL ¿Lo que ya saben? Te agradezco que no me cobres pero es que yo no lo sé.

SUSI Te estás resistiendo. Retomemos; lo que has hecho con esos sinvergüenzas es el primer paso. Ahora, el segundo es buscar que es lo que te llena..., lo que te gusta. Cuando eras pequeño, ¿que soñabas ser de mayor?

ÁNGEL Bueno... Supongo que lo mismo que los demás niños... Futbolista... Bombero... No sé...

SUSI No te va. Eres poca cosa... Entiéndeme... No eres un mazas...

ÁNGEL No, no lo soy.

SUSI Tiene que haber otra cosa... Piensa... ¡Vamos! ¡No tenemos toda la noche!

ÁNGEL Antes dijiste que quedaba mucha noche.

SUSI Antes. Ahora ya queda menos...

ÁNGEL Sí, claro...

SUSI ¿A qué jugabas? ¿Qué te atraía?

ÁNGEL No sé, no pienso mucho en mi niñez.

SUSI Mal hecho. Crecemos demasiado pronto, deberíamos ser niños más tiempo. ¡Vamos!

ÁNGEL Bueno yo… No… No. Es una estupidez. Nada…

SUSI Venga…

ÁNGEL Si es que…

SUSI Mira que te gusta que te rueguen…

ÁNGEL Vale… Me hubiera gustado tener una… churrería.

SUSI Una churrería… (*Sonriendo.*) Estás peor de lo que pensaba…

ÁNGEL ¿Lo ves? Tampoco a ti te parece bien.

SUSI A quien le tiene que parecer bien es a ti. ¡A mí me parece estupendo! ¿Habrá algo mejor que montar una churrería?

ÁNGEL ¿A que no?

SUSI ¡Nada! Además, tú montarías un *holding* de churrerías… ¿Y qué es lo que te atraía de ser… churrero?

ÁNGEL No sé… Las pocas veces que me sacaban de paseo por la calle, me quedaba ensimismado mirando. El olor del aceite me gustaba… La maestría que tenían con las manos… (*Gesticula.*)

Todos prácticamente iguales… ¡Y cómo cortaban las porras! ¡Qué velocidad! Las caras de la gente haciendo cola… Esperando…

SUSI Apasionante… sí…

ÁNGEL ¿Te parece apasionante ser churrero?

SUSI No, me parece apasionante la forma en que lo cuentas.

(*Se miran y poco a poco empiezan a sonreír.*)

ÁNGEL Deberías cobrar.

SUSI Lo estropearía.

ÁNGEL ¿Sabes cuanto tiempo hacía que no sonreía como lo estoy haciendo hoy?

SUSI No. Yo te conozco desde hace un rato solamente.

ÁNGEL Pues mucho. ¡Mucho tiempo! Si vieras las fotos de mi boda, por ejemplo, tenía una sonrisa así… (*Hace una mueca fingida.*) En lo que se supone que era el día más feliz de mi vida…

SUSI En lo que suponen los demás que debía ser el día más feliz de tu vida. Mira, desde pequeños toman decisiones por nosotros. Nada más salir de la tripa de tu madre, te pegan dos guantadas para que llores…

ÁNGEL Nos querrán acostumbrar…

SUSI Cuando eres un bebé, están deseando que hables y cuando ya hablas, están deseando que te calles.

ÁNGEL Ja, Ja… Es verdad.

SUSI O andar… te cogen de los bracitos y venga… (*Lo hace.*) Uno, dos, uno, dos… Y un poco más tarde… ¡Te quieres estar quieto! Y así una y otra cosa, una y otra cosa…

ÁNGEL (*Sonriendo.*) Tienes toda la razón.

SUSI Ya sé que la tengo.

(*Pausa.*)

ÁNGEL ¿Cómo lo haces?

SUSI ¿El qué?

ÁNGEL Decir lo que hay que decir en el momento en que hay que decirlo.

SUSI ¡Uf! Eso debe ser muy difícil.

ÁNGEL ¡Pues lo haces! Tienes ese… «don».

SUSI Uy, uy. Si ya empezamos a mezclar lo divino con lo humano, me pierdo…

Ángel Así que te parecería bien que fuese… churrero.

Susi ¡Anda! ¿Y por qué no? Yo creo que uno de los peores males de la humanidad es que la mayoría no nos dedicamos a lo que nos gusta.

Ángel ¿Dedicamos? ¿Tú tampoco?

Susi Tampoco. Bueno, no siempre.

Ángel ¡Vaya! Se invierten los papeles.

Susi No, de eso nada. Esto va por capítulos, y tú solo vas por la primera temporada. ¿Qué vas a hacer ahora?

Ángel ¿Ahora? Bueno… No sé… Estoy aquí…

Susi ¿Te vas a tirar por el qué dirán?

Ángel No… No sé… Estoy confuso…

Susi Ese era un filósofo chino, ¿no?

Ángel Ja, ja. Ese era Confucio.

Susi Bueno, pues ese decía: «cometer un error y no corregirlo es otro error».

Ángel No sabes quién es y sabes lo que decía.

Susi A lo mejor no era Confucio.

(Pausa.)

ÁNGEL «Cometer un error y no corregirlo es otro error». ¿Cómo me tomo eso?

SUSI Cada ocho horas. Anda que...

ÁNGEL Ya. Quiero decir que... ¿es un error haber subido aquí y no hacerlo? ¿A eso te refieres?

SUSI Tú eres más de números, ¿verdad? ¡Joder! Si durante toda tu vida has estado haciendo lo que no querías y has conseguido, lo más difícil, darte cuenta de ello... ¿A qué esperas para cambiar? ¿Quieres montar una churrería? Pues móntala. ¿Un puesto de castañas? ¡Pues hazlo! Pero no te quedes lamentando por lo que podías haber sido. ¡Es que manda huevos!

ÁNGEL No te enfades.

SUSI Si no me enfado. Es que la gente como tú me saca de quicio.

ÁNGEL ¿La gente como yo?

SUSI ¡Sí! ¡Los que tenéis de todo y no valoráis nada! ¡Los que hacéis así... (*Gesto.*) y papá os lo compra!

ÁNGEL (*Enfadado.*) ¿Qué sabes tú lo que tengo o no tengo? ¿Lo que tiene, o no, valor para mí? ¡No te jode!

(Susi *sonríe.*)

Susi Ya no te caigo tan bien, ¿verdad?

Ángel ¡No! Sí... ¡No sé!

Susi (*Normal.*) ¡Ese es el problema! No sabes... ¡Y tienes que saber!

(*Pausa grande.*)

Ángel ¿Sabes una cosa? Esta noche he venido aquí decidido a hacerlo. A tirarme. A terminar de una vez con todo. Venía convencido de que era lo mejor para todos, incluso para mí.

Susi Pero ahora...

Ángel Pero ahora no estoy seguro. Puede que tengas razón. Que el problema sea que nunca he hecho lo que he querido. Que me ha faltado valor. Bueno... eso seguro. Si no, me habría tirado antes de que llegaras.

Susi Pero no me habrías conocido.

Ángel No.

Susi Y ahí te equivocas. El valor hace falta para quedarse aquí.

(*Pausa.*)

ÁNGEL Pero ¿y tú?

SUSI ¿Yo qué?

ÁNGEL Predicas una cosa y pensabas hacer otra.

SUSI La vida está llena de contradicciones.

(*Se aparta.*)

ÁNGEL ¿He dicho algo...?

SUSI No, tranquilo.

ÁNGEL Cuesta hablar de uno mismo, ¿verdad?

(*Silencio.*)

SUSI No tengo mucho que contar.

ÁNGEL Yo creo que sí.

SUSI ¡Ah! ¿Ahora eres tú el psicólogo?

ÁNGEL No, pero todos tenemos algo que contar. Mucho o poco, pero algo. Además, estás llena de vida, ya te lo he dicho, pero tienes la mirada triste.

SUSI ¡Vaya! La chica de la mirada triste. Suena bien para una novela de esas... Perdón. Para un *best-seller*, como dirías tú. ¿Qué quieres saber?

ÁNGEL Por qué alguien como tú, está aquí. No lo entiendo. ¿Estás..., estás enferma?

(*Silencio.*)

SUSI (*Seria.*) ¿Cómo lo has sabido?

ÁNGEL ¿Estás enferma?

SUSI Sí. Sí, estoy enferma. No quiero hablar de eso.

ÁNGEL Lo siento, no ha sido mi intención.

SUSI No importa. No es culpa tuya. (*Pausa.*) Hace algo más de un año... en unas pruebas de rutina... me diagnosticaron... el Síndrome de Nautenlander...

ÁNGEL ¡Dios! ¡Lo siento!

SUSI No pasa nada. Está en un estado muy avanzado... pero tranquilo... Estoy medicándome y no es contagioso.

ÁNGEL ¿Qué es el síndrome de Nauterlander?

SUSI No tengo la menor idea. Pero suena grave, ¿no?

ÁNGEL ¡Eso no ha tenido gracia! ¡Qué susto me has dado!

SUSI ¿Susto? Nos acabamos de conocer. ¿Qué te puede importar que alguien a quien acabas de conocer tenga el síndrome de Nauterlander o cualquier otra cosa?

ÁNGEL Es cierto. Es cierto, Te acabo de conocer pero tengo la sensación de que te conozco desde hace mucho.

SUSI Ya verás. Al final eres tú el que va a tener el síndrome de Nauterlander.

ÁNGEL No me has contestado.

SUSI No, no lo he hecho.

(*Pausa.*)

ÁNGEL ¿Y?

SUSI ¿Tengo que hacerlo?

ÁNGEL Creo que es lo justo.

(*Pausa.*)

SUSI El amor.

ÁNGEL ¿Un desengaño?

SUSI Podríamos llamarlo así.

ÁNGEL ¿Merecía la pena?

SUSI Creo que sí.

ÁNGEL ¿No estás segura?

SUSI ¿Quién lo está?

(*Silencio.*)

ÁNGEL Luego dices de mí, pero…

SUSI Si tuvieras la misma prisa para arreglar tu vida, que para enterarte de la mía, todo te iría mucho mejor.

ÁNGEL Tienes razón, pero estás tratando de escaquearte.

SUSI No, de verdad que no.

ÁNGEL ¿Entonces? Quiero saber de ti, de tu vida. Quiero conocerte.

SUSI ¡Un momento! Un momento. ¿No te irás a enamorar de mí? ¡Lo que me faltaba!

ÁNGEL ¡No, qué tonterías dices!

SUSI Por eso, porque sería una tontería.

ÁNGEL Pero ¿y si fuera así?

SUSI ¡No digas gilipolleces! ¿Cómo te vas a enamorar de una persona que acabas de conocer en una azotea de donde pensabas tirarte y que además tiene el síndrome de Nauterlander?

(*Pausa.*)

ÁNGEL Dicho así. (*Los dos se ríen. Están muy juntos.*) Pero sí… creo que me estoy enamorando.

SUSI Espera. (*Saca su móvil y busca algo en él.*) Ahora. (*Pone una música de violín.*) ¿Te parece mejor ahora?

ÁNGEL ¿Te estás burlando de mí?

SUSI (*Seria.*) Y tú, ¿te estás burlando de mí?

(*Pausa.*)

ÁNGEL Perdona.

SUSI (*Normal.*) ¿Lo ves? No estás enamorado.

ÁNGEL ¿Cómo?

SUSI Cuando alguien está enamorado, lucha, pelea, desea, y hace lo que sea para estar con la otra persona. Da igual si hay problemas, si es pobre o rica, si a sus padres les gusta. No piensa si le conviene o no. (ÁNGEL *queda en silencio. está tocado y confuso.*) ¿Qué pasa? Perdona si me he pasado. Es que soy así. Me lanzo y… ¡puff! ¡La jodo!

ÁNGEL ¿Por qué dices tantas…? ¡Hablas muy mal!

SUSI Pero se me entiende muy bien.

(Pausa.)

Ángel — Sí. Tienes toda la razón. Demasiado bien. Acabas de describir mi vida de mierda en un momento. Qué eres, ¿bruja?

Susi — Cotilla, rara, bruja… ¡No me falta de nada! Un poco sí. Pero una bruja buena. (*Pausa.*) ¿Te acuerdas de «El Mago de Oz»?

Ángel — ¿Qué?

Susi — El Mago de Oz. La película de Judy Garland. Había una bruja mala y una buena. La bruja mala del Este y la bruja buena del Norte.

Ángel — (*Pausa.*) Sí, me acuerdo.

(Ángel *se aparta a un lado. está en el pasado.*)

Susi — ¿No te gustó la película? ¿No la has visto?

Ángel — Sí, sí la he visto. Es mi película preferida.

Susi — ¿En serio?

Ángel — En serio.

Susi — La mía también. Bueno, esa y Torrente 4. (Ángel *se gira a mirarla.* Susi *sonríe.*) ¡Broma!

Ángel — Es la película que más veces he visto.

SUSI ¿Torrente 4?

(ÁNGEL *la mira y sonríen.*)

ÁNGEL Me encantaban sus canciones, y los personajes. El camino de baldosas amarillas…

SUSI El espantapájaros sin cerebro, el hombre de hojalata sin corazón, el león sin valor, Dorothy…

ÁNGEL La solía ver cuando era pequeño.

SUSI Yo me la puse ayer.

ÁNGEL Hace mucho que no… Pero ¡la veíamos cientos de veces!

SUSI ¿Veíamos? ¿Con tus padres?

ÁNGEL ¿Con mis padres? Ja, ja… No. Casi nunca estaban en casa. Entonces aprovechaba e invitaba a… una niña.

SUSI ¡Anda pillín!

ÁNGEL No. Era la hija de los guardeses de casa. Era un poco más pequeña que yo, dos o tres años. Cuando no estaban mis padres, la invitaba a merendar y poníamos la película. Casi todos los días. ¡Una y otra vez! Nos la sabíamos de memoria. Recuerdo que su madre, que era nuestra cocinera, se ponía muy nerviosa, por si llegaban mis padres y pillaban a la niña dentro de casa.

SUSI ¡Fíjate qué drama!

ÁNGEL Lo era. De hecho lo fue.

SUSI Llegaron tus padres y os pillaron viendo una película. ¿Y qué? ¿A la cárcel?

ÁNGEL Mi padre los despidió. Ya te he dicho que mi casa se regía por eso de «tanto tienes, tanto vales».

SUSI ¡Qué agradable era tu padre, con perdón!

ÁNGEL A mí me castigaron sin juegos una semana, pero a esa pobre gente la dejaron en la calle y encima los denunciaron.

SUSI ¿Por...?

ÁNGEL Dijeron que faltaban cosas de valor en la casa. No era verdad.

SUSI ¡Hay que joderse! Entonces no debe traerte muy buenos recuerdos la dichosa película.

ÁNGEL ¡Que va! Todo lo contrario. «Se está mejor en casa que en cualquier sitio». Eso es lo que decíamos siempre al despedirnos. Es una frase de la película.

SUSI Ya, ya…

ÁNGEL Lo recuerdo como la etapa más feliz de mi vida. Esa niña era mi única amiga. No quería nada de mí. Solo estar conmigo. ¿Entiendes?

SUSI Claro. *(Pausa.)* ¿La volviste a ver después de aquello?

ÁNGEL Sí, a escondidas. Quedábamos en la parte trasera del jardín. Al lado del seto, había mucha vegetación. Con unos alicates había abierto esa parte de la valla y por ahí entraba.

SUSI ¿Cómo se llamaba?

ÁNGEL Sonia. Se llamaba Sonia. Allí, escondidos, hablábamos de todo. De sus padres, de lo mal que lo estaban pasando. De los míos… Es curioso. No les guardaba ningún rencor. Siempre me decía que les quisiera mucho. Que les hiciese caso en todo, que solo querían lo mejor para mí. Que estuviera el mayor tiempo posible con ellos. Cosa difícil… Nos pasábamos las tardes muertas allí sentados.

SUSI ¿Esa es de la que estabas enamorado?

ÁNGEL Era muy joven para saberlo. Ella también. Pero sí. Sentía todo eso que me acabas de decir. Que había que luchar, pelear, hacer lo que fuera para estar con ella. Y me daba igual si había problemas, si era pobre o rica, si a mis padres les gustaba. Me daba igual si me convenía o no. Hasta que cumplí los catorce años.

SUSI ¿La dejaste de querer?

ÁNGEL Nos mudamos. Mi padre abrió una empresa en otra ciudad. Los primeros años, tenía que estar encima del negocio.

SUSI ¿Cómo se lo tomó?

ÁNGEL No lo sé. No pude avisarla. De un día para otro, me encontré viviendo en otro sitio. No se lo pude decir. No pude despedirme.

SUSI ¡Vaya! Debió ser un palo para ella.

ÁNGEL Supongo que sí. O tal vez no. No lo sé. Nunca nos hemos vuelto a ver.

SUSI ¿La buscaste?

ÁNGEL ¡Como un loco! A los pocos meses, aproveché un viaje que hicieron mis padres y me escapé. Le cogí dinero a mi madre y después de no sé cuantos autobuses logré volver a aquel jardín donde nos veíamos. La casa pertenecía ya a otra familia. Habían arreglado la valla, pero volví a romperla y estuve esperando allí escondido durante días.

SUSI ¿Y?

ÁNGEL Y nada más.

SUSI Ya. Es un final triste.

ÁNGEL Sí.

SUSI Y si la hubieras encontrado, ¿qué le hubieras dicho? ¿Qué habrías hecho?

ÁNGEL No lo sé. Tenía poco más de catorce años… ¿qué podría haber hecho? ¿Fugarme con ella? ¿Casarme?

SUSI No. Erais demasiado jóvenes. Pero entonces, ¿para qué fuiste?

*(*ÁNGEL *no sabe muy bien qué contestar. Una profunda tristeza le invade.)*

ÁNGEL No lo sé. Esa pregunta me la hice cientos de veces mientras viajaba en todos esos autobuses. Con suerte llegaría a ese jardín, la encontraría… ¿y?

SUSI De momento serías feliz, ¿no?

ÁNGEL ¡Muy feliz!

SUSI Y la harías feliz a ella.

ÁNGEL Supongo que sí.

Susi Pues ya hubiera sido suficiente. La vida se compone de esas pequeñas cosas, de pequeños momentos, que van formando nuestro álbum, nuestros recuerdos.

Ángel Nunca lo podré saber. No apareció.

Susi Quizá se cansó de esperar.

Ángel Quizá no esperó nunca. (*Suena una sirena de policía que se acerca.*) ¿Qué es eso?

Susi La hora del té.

Ángel ¿Qué?

Susi ¡Una sirena! La poli.

Ángel ¿La poli?

(*La sirena llega hasta donde están. Se para.*)

Susi Han parado aquí abajo.

(*Se asoman.*)

Ángel ¡Es la policía!

Susi Ya.

Ángel Están al lado de mi coche.

(*Se esconden. vuelven a asomarse.*)

SUSI Alguien les habrá avisado de que estábamos aquí.

ÁNGEL ¿Quién?

SUSI Espera, déjame pensar… ¡Yo qué sé!

ÁNGEL Quiero decir que ¿por qué? ¿Qué hemos hecho?

SUSI Hombre… Allanamiento de una propiedad privada, nocturnidad, forzar cerradura y de momento intento de suicidio. Si te parece poco.

(Se meten otra vez.)

ÁNGEL ¿Qué hacemos?

SUSI ¿Qué vamos a hacer? Quedarnos donde estamos.

ÁNGEL ¿Y?

SUSI Ya se irán.

ÁNGEL ¿Y si no se van?

SUSI Pues ya nos iremos nosotros. De una manera u otra. *(Pausa.)* Es como una película ¿verdad?

ÁNGEL ¿Una película?

SUSI Sí, de esas de acción. Somos como «Bonnie & Clyde».

ÁNGEL Bonnie & Clyde acabaron acribillados a tiros.

SUSI Bueno... esa no vale. ¡Como Paul Newman y Robert Redford en «Dos hombres y un destino»!

ÁNGEL También se los cargaron.

SUSI ¡Da igual! No estoy muy acertada poniendo ejemplos. ¡Que mola, quiero decir!

ÁNGEL ¿Que mola?

SUSI Sí.

ÁNGEL ¿Que mola que la policía te esté buscando? *(*SUSI *lo deja. No saben que hacer.* SUSI *se asoma otra vez.)* ¿Qué pasa?

SUSI Creo que no te va a gustar saberlo.

*(*ÁNGEL *se asoma.)*

ÁNGEL ¿Una grúa? ¿Se van a llevar mi coche? *(Gritando.)* ¡Oigan! ¡Oigan!

*(*SUSI *lo agarra y lo empuja adentro.)*

SUSI ¡Calla!

ÁNGEL Pero si no estorba a nadie... Susi, ¡que han llamado a la grúa!

SUSI Ya, ya... ¿No has puesto papelito?

ÁNGEL ¡Que papelito, ni papelito! ¡Es la una de la madrugada!

SUSI Pues será carga y descarga.

(*Se asoma de nuevo.*)

ÁNGEL ¡Dejen en paz ese coche! ¡No molesta a nadie!

(SUSI *lo agarra y lo empuja adentro.*)

SUSI ¿Te quieres callar?

ÁNGEL ¡Es mi coche! Se lo quieren llevar.

SUSI ¿Lo vas a usar más?

(ÁNGEL *no sabe que contestar.*)

ÁNGEL No... pero...

(*Se produce un silencio.* SUSI *da con la solución.*)

SUSI ¡Tírate encima y les das un susto! ¡Que se jodan!

ÁNGEL Pero es que...

SUSI Es broma. Hoy no estás para nada.

(*Se oye una voz amplificada que llega de abajo. es la policía.*)

VOZ (*En off.*) ¡Atención! ¡Habla la policía!

ÁNGEL ¡Ay Dios!

SUSI Tranquilo. No te muevas. Ya has hecho bastante.

ÁNGEL No me han podido ver. Esto está muy alto.

SUSI Pero te han oído. En medio de la noche y dando voces…

ÁNGEL Pero no me han visto.

SUSI Creo que han inventado ahora unos aparatos que amplían la visión. Lo vi el otro día en un documental de la 2. ¿Cómo se llamaban? ¡Ah, sí! ¡Prismáticos!

ÁNGEL Ya. Lo siento.

SUSI ¡Quédate ahí!

(SUSI *se asoma.*)

VOZ (*En off.*) ¡Atención! ¡Les habla la policía!

SUSI Me han visto a mí también. ¡Joder!

ÁNGEL A lo mejor no es a nosotros.

VOZ (*En off.*) ¡Los que están en la azotea! ¡Les habla la policía!

ÁNGEL Si es a nosotros. ¿Qué hacemos?

SUSI ¿Tienes parchís? Podemos echar una partidita. ¡Yo que sé!

ÁNGEL Tú tienes más práctica en esto.

SUSI ¿Yo?

ÁNGEL Joder, lo de la Estación de Atocha... ¡Y lo del puente de Segovia!

SUSI No era lo mismo.

ÁNGEL Pero ya pasaste por ello. Tienes experiencia en el trato con la policía.

SUSI Ya, pero...

(SUSI *se queda en silencio.*)

ÁNGEL ¿Qué?

SUSI Nada.

ÁNGEL ¿Era mentira? ¿Te lo inventaste? ¿Por qué?

SUSI ¡Quedaba bien!

ÁNGEL ¿Quedaba bien?

SUSI Sí, además te lo tragaste.

ÁNGEL ¡Eres una enferma! ¡Una mentirosa compulsiva! ¿En qué más me has mentido?

SUSI ¿Te parece buen momento para discutirlo? ¿No crees que tenemos otras cosas por las que preocuparnos?

ÁNGEL ¡Ya hablaremos!

SUSI (*Marcial.*) ¡Señor, sí, señor!

(ÁNGEL *se asoma con mucho cuidado.*)

ÁNGEL ¡Han venido más! Dos coches y un furgón.

SUSI ¡Pues eso es por ti! Por mi no armarían tanto follón.

ÁNGEL ¿Y por qué van a saber quién soy?

SUSI Habrán metido el número de la matrícula del coche en la base de datos y sale tu cara.

ÁNGEL Ya…

SUSI No, si ya sabía yo que ese puto coche no me iba a dar más que problemas. ¡Menos mal que no te lo compré!

ÁNGEL ¿De qué hablas?

SUSI ¡Es que soy tonta del culo! Tenía que elegir precisamente esta azotea. ¡No hay otra en todo Madrid! ¡No! Me vengo a la terraza de moda, donde hay que pedir la vez.

(ÁNGEL *se mete para adentro de nuevo.*)

ÁNGEL ¡Oye, lo dices como si fuese culpa mía! ¡Yo llegué primero!

SUSI ¡Peor me lo pones! ¡Vienes con cita previa y vas con retraso!

ÁNGEL Susi...

(*Como si nada. Sonriendo.*)

SUSI Dime.

ÁNGEL Bueno, vamos a ver... Pensemos. Si nos pillan...

SUSI Ya nos han pillado.

ÁNGEL Vale, ya nos han pillado. ¿Qué nos puede pasar?

SUSI La horca ya no se usa en España, ¿verdad?

ÁNGEL (*Acojonado.*) ¿Qué?

SUSI Era broma.

ÁNGEL Tienes un sentido del humor que…

SUSI Antes te gustaba.

ÁNGEL ¿Antes?

SUSI Hace un rato.

ÁNGEL Si…

SUSI ¿Y?

ÁNGEL ¿Qué nos puede pasar?

SUSI Bueno… trescientos euros no nos los quita ni el tato.

ÁNGEL ¡Eso no es problema!

SUSI ¡No será para ti! ¡Yo no tengo un duro!

ÁNGEL Yo te lo pago.

SUSI ¡No quiero tu dinero!

ÁNGEL ¡Pues mejor para mí!

SUSI Bueno, sí lo quiero, pero te lo devolveré.

ÁNGEL Vale. ¿Qué más?

SUSI Nada más. ¿No me irás a cobrar intereses?

ÁNGEL ¿Que qué más nos puede pasar?

SUSI ¿Tienes antecedentes?

ÁNGEL ¿Me lo preguntas en serio? ¡Por supuesto que no!

SUSI Entonces solo los trescientos euros.

ÁNGEL ¿Y tú? (SUSI *se queda callada.)* ¿No me jodas que tú sí tienes antecedentes?

SUSI Una denuncia por apropiación indebida.

ÁNGEL ¿Apropiación indebida? ¡Ay dios, eres una delincuente!

SUSI ¡No soy una delincuente!

ÁNGEL Pues ya me dirás.

SUSI Fue hace mucho tiempo. ¡Y no fue culpa mía!

ÁNGEL ¿Y tú eres la que me das consejos sobre la vida? ¡Tiene gracia! (SUSI *va a responder pero calla. Se produce un silencio.)* Perdona… Estoy siendo un poco gilipollas.

SUSI Un poco no. ¡Muy gilipollas!

ÁNGEL Muy gilipollas. Sí. *(Pausa.)* ¿Qué hacemos?

SUSI Nos podemos tirar.

ÁNGEL ¿Existen más opciones?

SUSI Sí, tres. La primera es tirarnos. La segunda, quedarnos aquí hasta que suban a por nosotros y la tercera bajar y entregarnos.

ÁNGEL Todas acaban mal. No me gusta ninguna.

SUSI Pues es lo que hay. Si entre tantos masters que tienes hubieras hecho un Master del Universo, estaríamos salvados.

((*Pausa.*)

ÁNGEL ¿Lo tenemos crudo, no?

SUSI ¡No exageres! Es una putada, pero no nos va a pasar nada. La multa y a mí, como mucho arresto domiciliario o algo así.

ÁNGEL ¿No te meterán en la cárcel?

SUSI ¿Por esto? ¡Que va!

ÁNGEL Eres reincidente…

SUSI ¡Ya te he dicho que no fue culpa mía!

ÁNGEL Perdona.

SUSI Como mucho me harán pruebas psiquiátricas, para ver si estoy loca.

ÁNGEL ¿Loca?

SUSI Tranquilo, tengo el síndrome de Nauterlander pero no estoy loca.

ÁNGEL ¿Y a mí también?

SUSI No creo. En ti lo achacarán al estrés, a la presión por lo de tu denuncia a hacienda. Eso sí, saldrás en todos los periódicos.

ÁNGEL ¿En los periódicos?

SUSI En los informativos. En todas las redes sociales. Como el pequeño Nicolás… ¿Tienes twitter? Serás *trending topic* mundial.

ÁNGEL No tengo twitter.

SUSI Pues te tienes que hacer uno. *Hastag*, almohadilla, yomequisesuicidar. ¡Vamos a hacer un tik tok!

(*Coge el móvil.*)

ÁNGEL ¡Déjate de tonterías!

SUSI Puede que te conviertas en un héroe.

ÁNGEL ¿Un héroe?

SUSI Sí. Una especie de Robin Hood del siglo 21, que denuncia la corrupción y combate contra ella con su propia vida.

ÁNGEL Suena bien.

SUSI Suena bien si te piensas tirar. Si no…, se queda a medias.

ÁNGEL Claro.

(Pausa.)

SUSI ¿Y?

ÁNGEL ¿Qué?

SUSI ¿Que si vas a ser Robin Hood?

ÁNGEL Creo que no. No quiero tirarme.

SUSI Bueno… hemos adelantado algo. Hace un rato, estabas en esta azotea dispuesto a acabar con tu vida y ahora ya no quieres hacerlo. En términos médicos has experimentado una gran mejoría. El enfermo permanece estable.

(*Suena de nuevo la* VOZ *en off.*)

VOZ (*En off.*) Aquí el inspector Miguel González. Voy a ser su…, como lo quieran llamar…, su intermediario. Estamos aquí para ayudarles ¿Necesitan algo?

SUSI A mí me apetece arroz tres delicias. ¿Te parece bien?

ÁNGEL ¿Cómo puedes pensar en comida en estos momentos?

SUSI Porque tengo hambre.

ÁNGEL ¿Se lo pido?

(SUSI *ríe.* ÁNGEL *está totalmente desorientado.)*

VOZ (*En off.*) ¡Ángel Expósito! Sabemos que está usted ahí.

ÁNGEL ¿Ha dicho mi nombre?

SUSI Sí.

ÁNGEL ¿Por qué?

SUSI ¿Cómo quieres que se dirijan a ti? ¿Por señales de humo?

ÁNGEL Digo que tenías razón, que saben quien soy.

SUSI Pues claro.

ÁNGEL ¿Les contesto?

SUSI Es de buena educación.

(ÁNGEL *se asoma con cuidado. Recula.)*

ÁNGEL ¿Y qué les digo?

SUSI Buenas noches, agentes. ¿Están teniendo buen servicio? (ÁNGEL *casi está en shock. No ha entendido nada.)* Y grita ¡eh! Si no, no te van a oír.

ÁNGEL ¡¡¡Buenas noches agentes!!! ¿¿¿Están teniendo un buen servicio???

(SUSI *hace un gesto de flipar.)*

VOZ (*En off.*) ¿Señor Expósito? ¿Es usted?

(ÁNGEL *mira a* SUSI *pidiendo ayuda.)*

SUSI Dile que sí.

ÁNGEL ¡Sí, soy yo!

VOZ (*En off.*) ¿Está bien?

ÁNGEL (*A* SUSI.) ¡Qué amable! (*Afuera.*) ¡Sí! ¡Muchas gracias! ¿Y usted?

VOZ (*En off.*) Bien, gracias. ¡Sabemos que está acompañado!

(ÁNGEL *no sabe qué contestar y mira a* SUSI, *esta le dice que sí, con la cabeza.)*

ÁNGEL (*Gritando.*) ¡No es bueno que el hombre esté solo! (*Mira a* SUSI, *como celebrando su gran ingenio.)* ¿He estado bien?

SUSI Muy bien… sí.

VOZ (*En off.*) ¡No, claro que no! ¿Qué piensan hacer?

ÁNGEL Hábleme de tú. Estaré más cómodo. (*A* SUSI) Es mejor tenerlos de nuestra parte.

SUSI ¡Dónde va a parar!

VOZ (*En off.*) Muy bien Ángel, nos tutearemos. ¿Qué pensáis hacer?

ÁNGEL ¿Cuándo?

VOZ (*En off.*) Ahora.

ÁNGEL ¿Te refieres a… ahora?

VOZ (*En off.*) Sí. Saltar no solucionará las cosas.

ÁNGEL (*A* SUSI.) Saben que íbamos a saltar.

SUSI ¡No me digas! ¡Ay, esta policía! ¡No se les escapa ni una!

ÁNGEL ¡Estábamos en ello, Miguel! Pero no nos hemos decidido. Se ha liado un poco la cosa.

VOZ (*En off.*) ¡No es necesario que lo hagáis! ¡Todo tiene solución! Para eso estoy yo aquí, Ángel. Bajad y hablamos.

Susi — Te está liando.

Ángel — El hombre solo quiere hablar.

Susi — ¿Entonces?

Ángel — No sé Susi. Todo esto… me supera. Cuando pensé en suicidarme no me imaginaba que iba a ser así… ¡Qué difícil!

Susi — Ángel, escucha. Olvídate del suicidio. ¡No quieres tirarte! Me lo has dicho hace un momento.

Ángel — Sí. No quiero tirarme.

Susi — ¡Pues se acabó el problema! Dile que bajas y luego le dices que estabas trastornado, que te ha podido la presión y ya está. Enajenación transitoria, creo que lo llaman.

Ángel — ¿Y ya está?

Susi — Bueno, y los trescientos euros.

Ángel — Tienes razón. ¡Sí! Tienes razón. Es absurdo seguir aquí. Además ha refrescado. Voy a coger un resfriado…

Susi — Claro. Baja, se lo explicas y te vas a casita. Un vaso de leche calentita y, ¡hala!, a la cama.

Ángel — Sí. Creo que es lo mejor. (*Se asoma y grita.*) ¡Miguel!

VOZ (*En off.*) ¿Sí, Ángel?

ÁNGEL ¡Que bajo!

VOZ (*En off.*) ¡Estupendo! ¡Venga! Te llevaremos a casa. (ÁNGEL *sin comprender del todo bien se encamina hacia la salida.*) Sí. Es lo mejor. (*Se gira.*) ¿Susi?

SUSI (*Ilusionada.*) ¿Sí?

ÁNGEL No me gusta la leche. Me da arcadas. ¿Puede ser otra cosa?

SUSI (*Triste.*) Sí… Lo que te quieras tomar.

(ÁNGEL *inicia la salida de nuevo.*)

ÁNGEL Vale, vale. Quizá una manzanilla, o una tila. Sí, quizá una tila. (*Se vuelve a parar.*) ¿Y tú?

SUSI No me gustan las infusiones, Ángel.

ÁNGEL Quiero decir que… (*Con miedo.*) ¿Tú bajas también, no?

SUSI Yo no he cambiado de opinión. Sigo pensando lo mismo que cuando llegué a esta azotea.

(ÁNGEL *vuelve en sí.*)

ÁNGEL Espera, espera. ¿Quieres decir…?

SUSI Quiero decir lo que he dicho.

ÁNGEL Pero no puede ser. ¡No puede ser! ¿Te has pasado toda la noche tratando de convencerme de que no lo haga y ahora lo vas a hacer tú?

SUSI Yo no he tratado de convencerte de nada.

ÁNGEL ¿Cómo que no? ¿Y lo de montar una churrería, de quién ha sido la idea?

SUSI Tuya. Es tu sueño desde niño.

ÁNGEL Bueno, vale... Pero ¿y todo ese rollo de «cometer un error y no corregirlo es otro error» y todas esas cosas?

SUSI Tienes razón, seguramente no era Confucio.

ÁNGEL ¡Susi!

SUSI ¿Qué?

(Pausa. Se miran.)

ÁNGEL ¡Me quedo!

SUSI ¡No seas tonto!

ÁNGEL No lo soy. Estoy siguiendo tus palabras. Estoy haciendo lo que quiero, no lo que se supone que tengo que hacer. (*Se asoma.*) ¡Miguel! ¡Miguel!

VOZ (*En off.*) ¿Sí? ¿Ya bajas?

ÁNGEL ¡No! No voy a bajar. De momento me quedo.

VOZ (*En off.*) Pero eso no es lo que me has dicho. ¿Qué te ha hecho cambiar de opinión?

ÁNGEL Es… que no me apetece.

VOZ ¿Qué no te apetece? ¿Qué clase de respuesta es esa?

ÁNGEL ¡Pues la que es! Que si no me apetece, pues no me apetece.

VOZ (*En off.*) ¿Ha sido ella?

ÁNGEL ¿Cómo saben que eres una mujer?

VOZ (*En off.*) ¡Escucha Ángel! ¡Podemos solucionarlo! Sabemos que has estado sometido a una gran presión, pero por el momento no has hecho nada. ¡No tenemos cargos contra ti! Solo una multa de aparcamiento, por dejar el coche aquí. Tengo un amigo en tráfico, hablaré con él para que te la quite.

(ÁNGEL *mira a* SUSI.)

SUSI Es tentador, ¿eh?

ÁNGEL (*Gritando.*) ¿Y a ella que le pasará? ¡No tiene coche!

Voz (*En off.*) ¡No os pasará nada a ninguno de los dos! (Ángel *mira a* Susi.) ¡Solo una multa! ¡No empeores las cosas!

Ángel (*Gritando.*) ¡No es verdad! Por el momento… ¡allanamiento de la propiedad privada, nocturnidad, forzar cerradura y además intento de suicidio!

(*Se mete adentro. Se sienta al lado de* Susi *en silencio. Poco a poco se empieza a reír y va contagiando a* Susi.)

Susi ¿De qué te ríes?

Ángel ¿Qué de qué me río? Ja, ja, ja… (*Serio.*) No sé… Ja, ja, ja… ¡Me estoy metiendo en un lío que…! Ja, ja, ja… ¡Ay dios, que suicidio más raro!

Susi Ja, ja… ¡Has estado estupendo! Con eso de allanamiento de… ja, ja, ja… (*Poco a poco se van tranquilizando. La situación no ha avanzado.*) ¿Por qué te has quedado?

Ángel No lo sé. Quiero estar contigo.

Susi No sabes quien soy.

Ángel No necesito saber mucho más.

(*Parece que se van a besar pero suena otra vez la* Voz *en off.*)

VOZ (*En off.*) ¡Ángel! ¡Ángel! Acabamos de hablar con tu ex mujer. Viene hacia aquí. Quiere volver contigo.

(ÁNGEL *se asoma.*)

ÁNGEL ¡Qué? ¡Ni hablar! ¡No la quiero! ¡O sea, sí la quiero, pero no estoy enamorado de ella!

VOZ (*En off.*) ¡Eso es mejor que lo habléis entre vosotros, en casa!

ÁNGEL ¡No hay nada que hablar! ¡Nunca volveré con ella! ¡La he hecho muy infeliz! ¡No se lo merece!

VOZ (*En off.*) ¡Tranquilo! No tardará y podrás hablar con ella.

ÁNGEL ¡Miguel! ¡Como venga me tiro! ¡Que estoy muy loco!

(*Silencio.*)

VOZ (*En off.*) ¡Vale, Ángel! ¡Vale! No vendrá. Pero tienes que bajar y hablamos. Esto quedará entre nosotros. No le diremos que estabas con otra mujer.

ÁNGEL ¡Me da igual lo que le digáis! (*A* SUSI.) Creen que somos amantes.

SUSI Estás separado, no podemos ser amantes.

ÁNGEL (*A la policía.*) ¡Pero si estamos separados! (*A* SUSI.) Mucho policía pero no se entera. (*A la policía.*) ¡Dame un minuto!

(*Vuelve con* SUSI.)

SUSI No pareces el mismo.

ÁNGEL Es que no lo soy.

VOZ (*En off.*) ¡Ángel!

ÁNGEL (*Gritando.*) ¡Eres muuuuu pesado! (*A* SUSI.) ¿Me he pasado?

SUSI Un poco sí. Pero es que es muy pesado.

(*Se ríen.*)

ÁNGEL Susi… ¿Has cambiado de opinión? ¿Vas a bajar conmigo?

SUSI No.

ÁNGEL (*Desesperado.*) Pero ¡por todos los santos! ¡No puedo dejarte aquí!

SUSI ¿No puedes o no quieres?

ÁNGEL ¿Eh? ¡Es lo mismo!

SUSI No lo es.

VOZ (*En off.*) ¡Ángel!

ÁNGEL ¿Qué cojones quieres?

VOZ (*En off.*) ¿Te retiene contra tu voluntad? ¿Te sientes amenazado?

ÁNGEL (*A* SUSI.) ¿Qué? (*Afuera.*) ¿Qué clase de gilipollez es esa? ¡Nadie me retiene! ¡Nadie me amenaza! Bueno sí, ¡tú!, diciendo que va a venir mi ex.

VOZ (*En off.*) Escucha. Estamos acostumbrados a situaciones como esta. No eres el primero que tiene una aventura y que no es capaz de cortarla a tiempo. ¿Recuerdas «Atracción fatal»?

ÁNGEL (*A* SUSI.) Pero ¿qué dice este gilipollas?

SUSI ¿Me parezco a Glenn Close?

ÁNGEL ¿Y tú recuerdas «Dos tontos muy tontos»? Pues tú eres… el de la izquierda.

(SUSI *se empieza a reír por la situación. Pausa.*)

VOZ (*En off.*) Ángel, escucha bien: Susana Vélez, treinta y seis años.

SUSI ¡Joder!

ÁNGEL Tranquila, también saben quien soy yo.

Susi ¡Eso me da igual! ¡Ha dicho mi edad! ¡Joder!

Ángel Aparentas menos.

Susi Gracias.

Voz (*En off.*) Antecedentes por apropiación indebida. Sin oficio ni beneficio.

Ángel ¡No hizo nada! ¡No fue culpa suya! (*A* Susi.) ¿No lo fue verdad?

Susi (*Seria.*) ¿De verdad me preguntas eso?

Ángel (*Afuera.*) ¡Un momento! (*A* Susi.) No lo sé, Susi... Me has mentido con lo Atocha y lo del Puente de Segovia...

Susi Mírame a los ojos y pregúntame si es verdad.

(*Se miran.* Ángel *va de nuevo hacia el bordillo.*)

Ángel ¡No fue culpa suya!

Voz ¡De acuerdo! No fue culpa suya. Eso ahora no importa. Lo que queremos es que estéis bien y que bajéis para solucionar los problemas.

(Ángel *se tranquiliza un poco.*)

Ángel (*En voz baja.*) Créeme Miguel... Se están solucionando...

(*Pausa.*)

VOZ (*En off.*) ¡Ángel no te oigo! Dime algo. ¡Ángel! ¡Ángel! Vamos a subir.

ÁNGEL ¡Van a subir! Ayúdame, vamos a atrancar la puerta.

SUSI Ángel...

(ÁNGEL *encuentra un trozo de tubería y la encaja. Si tenemos la puerta corpórea bien, si no es así, lo hará fuera de escena.*)

ÁNGEL Yo creo que con eso...

SUSI Ángel...

VOZ (*En off.*) ¡La situación se os está yendo de las manos! Tenéis cinco minutos para bajar. Si no, subiremos.

ÁNGEL ¡No te quedes ahí parada! ¡Busca algo más!

(*Está descontrolado.*)

SUSI ¡Ángel! (ÁNGEL *reacciona.*) Tienen razón. Se nos está yendo de las manos.

ÁNGEL (*Afuera.*) ¡Cinco minutos es poco! Lo suyo sería por lo menos diez...

VOZ (*En off.*) ¡De acuerdo, de acuerdo! Empecemos de nuevo. ¿Puedo hablar con ella?

(SUSI *hace gestos de que no tiene nada que hablar.*)

ÁNGEL En estos momentos está ocupada.

VOZ (*En off.*) ¿Ocupada? ¿En qué?

ÁNGEL Pues... ¡en sus cosas! La gente tiene sus ocupaciones y sus cosas.

VOZ (*En off.*) ¡Señorita Vélez! ¿Me escucha?

(SUSI *hace gestos de que no quiere saber nada.*)

ÁNGEL ¡Te escucha, te escucha! Está ocupada pero te escucha. (*A* SUSI.) ¿Por qué no quieres hablar con él?

SUSI ¿De qué? No tengo nada que hablar.

ÁNGEL Espera que se lo pregunto. (*Afuera.*) ¿De qué quieres hablar con ella?

VOZ (*En off.*) Esto es muy absurdo Ángel. Estoy aquí para ayudar, pero no me lo ponéis fácil.

ÁNGEL La vida es muy complicada, Miguel.

(*Silencio.* SUSI *se levanta y va hacia el borde.*)

SUSI ¡Sí! ¿Qué quiere?

VOZ (*En off.*) ¿Susana Vélez?

SUSI No, soy su prima, que ha venido a pasar unos días a Madrid. (ÁNGEL *La mira como preguntándose si es verdad.*) Es broma, joder.

VOZ (*En off.*) Susana… No tenemos nada contra usted, pero si está reteniendo a Ángel, se le pueden complicar las cosas.

SUSI No estoy reteniendo a nadie. Le he dicho que baje, pero no quiere.

VOZ (*En off.*) ¿Por qué no bajan los dos y nos dejamos de cháchara? Son la una y pico de la mañana. Habrá gente que les espere en casa.

SUSI ¡Eso no es asunto suyo!

VOZ (*En off.*) Escucha, Susana… ¿puedo tutearte?

SUSI ¡No! ¡Yo no le tuteo a usted!

VOZ (*En off.*) De acuerdo… Escuche Susana… No puede obligar a alguien a estar con usted. Si lo suyo ya ha terminado, quédese con lo bueno y olvide a Ángel… Si hay algo que sobran en este mundo son hombres…

SUSI (*A* ÁNGEL.) Este tío es tonto. (*Afuera.*) Le estoy perdiendo, se corta… No tengo cobertura… Le pierdo, le pierdo…

(*Se mete dentro.*)

ÁNGEL ¿Qué haces?

SUSI Me aburre este señor.

ÁNGEL (*Afuera.*) ¡Dame un par de minutos! ¡Solo un par de minutos!

VOZ (*En off.*) De acuerdo.

(*Va hacia* SUSI.)

ÁNGEL Perdona por haber dudado de ti.

SUSI No tienes por qué pedir perdón.

ÁNGEL Sí, eres la única persona en el mundo que no solo me dice lo que quiero oír. Nunca seas de esas.

SUSI ¡Qué aburrido debe ser eso! ¡Oír cosas que ya sabes que te van a decir!

ÁNGEL Un poco sí. Escucha, si salimos de esta…

SUSI Bueno, bueno… No te pongas peliculero… «si salimos de esta». Cualquiera que te oiga. Son trescientos euros.

(*Sonríen.*)

ÁNGEL Hace un rato, me has dicho que sería una tontería que me enamorara de ti.

SUSI Lo sería.

ÁNGEL Pues quiero ser tonto.

SUSI Ángel...

ÁNGEL Lo siento Susi, desde que llegaste a esta azotea, estoy cambiando. Me produces... no sé... no sé como llamarlo.

SUSI Eso se llama... vida.

ÁNGEL ¿Vida?

SUSI Sí, alterarse, reír, asustarse, luchar. Vivir...

ÁNGEL Pues estoy viviendo. No había vuelto a sentir esas cosas desde... (*Se calla.*) Desde...

(SUSI *canta.*)

SUSI *Somewhere over the rainbow, blue birds fly...*

ÁNGEL Sí, desde que veía «El Mago de Oz» con aquella niña.

SUSI Tienes que ver más películas.

ÁNGEL Han pasado muchos años.

SUSI Demasiados.

ÁNGEL ¿Por qué demasiados? ¿Por qué tengo que estar toda la vida pagando por un error que cometí? Un error que no fue culpa mía. Que no pude evitar.

(SUSI *se levanta.*)

SUSI Creo que ha llegado el momento.

ÁNGEL (*Asustado.*) ¿El momento de qué? No voy a dejar que te tires. Si lo haces, me tiraré contigo.

(*Silencio.*)

SUSI No me voy a tirar. Nunca pensé en tirarme.

ÁNGEL ¿Cómo?

SUSI No, no quiero suicidarme. Es lo último que haría en esta vida.

ÁNGEL Entonces, ¿por qué viniste aquí?

SUSI Te he mentido.

ÁNGEL ¿Otra vez? ¿En qué?

SUSI En casi todo. No vine aquí para suicidarme. Venía siguiéndote.

ÁNGEL ¿Siguiéndome? ¿Por qué?

SUSI Llevo siguiéndote mucho tiempo.

ÁNGEL ¿Qué eres? (*En broma.*) ¿Una especie de asesina en serie? ¿Detective privado? (SUSI *está seria.* ÁNGEL *se pone también.*) ¿Quién me asegura que ahora estás diciendo la verdad?

SUSI Es la verdad Ángel. No soy una asesina, ni detective. Llevo casi un año siguiendo tus pasos. En el trabajo, en el gimnasio, en esas fiestas a las que vas... De hecho he estado haciendo abdominales a tu lado más de una vez, pero ni siquiera me viste. A lo mejor me viste, pero no reparaste en mí. Sé que no debería haberlo hecho pero... esa es la verdad.

ÁNGEL No entiendo nada Susi. Todo esto...

SUSI Espera. Supe de tu divorcio, de tu tema con hacienda y los problemas con el *holding* de tu padre.

ÁNGEL Por las revistas, ya sé. Ya me lo has dicho.

SUSI Nunca leo revistas de esas.(ÁNGEL *está perdido.*) Esta noche, te seguí hasta aquí y cuando vi que habías forzado la cerradura de la azotea, supuse que las cosas se te habían ido de las manos y me asusté.

ÁNGEL Yo estoy asustado ahora.

SUSI No tienes por qué.

Ángel ¿Ah no? ¿Una desconocida me vigila durante un año y no tengo que asustarme?

Susi ¿Ahora soy una desconocida? Hace un momento querías casarte conmigo…

Ángel Hace un momento no… (Ángel *no sabe qué decir.*) Esto parece una película de suspense.

Susi No lo es. Y tampoco soy una desconocida. ¿De verdad? ¿De verdad no me has reconocido? Sé que hemos cambiado, que ha pasado mucho tiempo, pero mis ojos son los mismos y los has mirado.

Ángel Susi…

Susi No me llamo Susi…

(Ángel *está completamente perdido.*)

Ángel ¡Espera, espera! ¡Me estás mintiendo! ¡Una vez más! Miguel lo dijo. ¡La policía lo dijo! Susana Vélez. 36 años.

Susi Una amiga mía. Cuando te vi subir aquí, llamé a la policía para decirles que había un coche sospechoso en la puerta del edificio. Me identifiqué como Susana Vélez, una amiga mía que cuando se entere de lo que he hecho, dejará de serlo.

ÁNGEL Y los cargos por apropiación indebida… ¿tampoco es verdad entonces?

SUSI Eso sí. Y mi amiga también. Por eso di su nombre.

ÁNGEL Pero ¿qué sois? ¿Una banda?

SUSI Estás cambiando. Tu cara…

ÁNGEL ¿Mi cara? ¡Cara la tuya! Me has estado tomando el pelo toda la noche.

SUSI Escucha.

ÁNGEL ¡No quiero escuchar! Quiero irme a mi casa, tomarme un vaso de leche… una tila y despertarme mañana, pensando que todo ha sido un sueño. Un mal sueño.

SUSI ¿Eso es lo que quieres?

ÁNGEL ¡No empieces otra vez! Ya me has comido la cabeza lo suficiente.

SUSI Siento que pienses así.

ÁNGEL ¿Tú lo sientes? ¿Sientes que piense así porque has estado mintiéndome toda la noche, tomándome el pelo, ejerciendo de psicóloga sin título? ¿Por haber estado siguiéndome un año y sabiendo mi vida y milagros, minuto a minuto?

SUSI Se te ha olvidado lo del gimnasio.

ÁNGEL ¡Eso! ¡Y sudando a mi lado haciendo abdominales!

SUSI Ángel..., tienes que escucharme.

(Intenta calmarlo.)

ÁNGEL ¡No me toques! ¡Mentirosa! (*Se aleja.*) ¡Toda mi vida ha sido una mentira! ¿Por qué? ¿Por qué tú también?

SUSI No soy mentira. Estoy aquí... contigo.

ÁNGEL ¿Por qué nunca he podido hacer lo que quería? ¿Por qué no puedo montar una churrería?

SUSI Sí puedes. Puedes hacer lo que quieras.

VOZ (*En off.*) ¡Ángel! ¡Han pasado los dos minutos!

ÁNGEL ¡¡Vete a la mierda!!

(*Se produce un silencio.* ÁNGEL *se da cuenta de que ha insultado a la autoridad.*)

VOZ (*En off.*) ¡Vamos a subir!

ÁNGEL ¡Perdona, perdona! No te lo decía a ti. Ha sido... un...

VOZ (*En off.*) Da igual Ángel. Se ha acabado el tiempo. Tenemos que terminar con esto.

(ÁNGEL *está muy bloqueado. No sabe qué hacer.*)

ÁNGEL ¡Tienes razón! (*Para sí mismo.*) Hay que terminar con esto…

(*Como un zombie se va acercando al bordillo.*)

SUSI Ángel… ¿Qué vas a hacer? Ven aquí. ¡Ángel!

(ÁNGEL *se para justo en el bordillo. Sin mirarla. Está en shock.*)

ÁNGEL ¿Quién eres?

SUSI Soy Sonia.

ÁNGEL ¿Sonia? ¿Sonia qué?

SUSI Entonces no te sabías mi apellido, ¿ahora quieres saberlo?

ÁNGEL ¿Entonces…? ¿Sonia…?

SUSI Sí. Se está mejor en casa que en cualquier sitio.

ÁNGEL ¡No puede ser! ¡No puedes ser! ¡Sonia!

SUSI Ha pasado mucho tiempo…, ¿verdad?

Ángel — ¿Por qué no me lo dijiste?

Susi — Quería saber si te acordabas de mi. Si después de tantos años, seguías sintiendo lo mismo.

(Susi *se va acercando poco a poco, con temor.* Ángel *puede saltar en cualquier momento.)*

Ángel — Sonia… Fui a buscarte…

Susi — Lo sé.

Ángel — No fue culpa mía.

Susi — Lo sé, Ángel. No fue culpa de nadie.

Ángel — Pero ya no estabas…

Susi — Estuve. Pero pasó mucho tiempo. No sabía si ibas a volver.

Ángel — ¡Claro que iba a volver! Eras lo único auténtico en mi vida...

Susi — Ven aquí. Dame la mano. Tú también eras lo único auténtico de la mía.

(Se oye golpear la puerta metálica de la azotea.)

Voz — (*En off.*) ¡Ángel abre o tiramos la puerta abajo!

Ángel — Ha pasado mucho tiempo...

SUSI Sí, pero nos queda mucho más por delante.

ÁNGEL Fui a buscarte...

SUSI Lo sé. Y ahora estoy aquí..., contigo.

(*Se oye golpear la puerta. Están reventándola.*)

ÁNGEL No fue culpa mía.

SUSI Dame la mano. Vamos a hablar. Tenemos mucho que contarnos.

ÁNGEL Pero ya no estabas...

SUSI Ángel, me estás asustando. Dame la mano, por favor.

(SUSI *está muy cerca. Casi lo toca.*)

ÁNGEL Se está mejor en casa que en ningún sitio...

SUSI Se está mejor en casa que en ningún sitio... (ÁNGEL *se da la vuelta muy despacio, sonriendo. Parece que vuelve en sí.*)

ÁNGEL Sonia... ¿Crees que podemos...? Ayyyyyy

(*Pierde el equilibrio y...*)

SUSI ¡¡¡¡Ángel!!!!

Oscuro.

(Sobre el Oscuro oímos la Voz *en off de* Ángel.*)*

Ángel (*En off.*) Nada salió esa noche como imaginaba. ¿Qué posibilidad había de encontrarte con el amor de tu infancia en una azotea, una noche en la que querías quitarte la vida? Ninguna ¿Verdad? Absolutamente improbable, casi imposible. Pero quizá, no sea nada comparado con la probabilidad de ir a parar al típico andamio desde el que se limpian las ventanas de los grandes edificios por fuera... (*Cuando vuelve la luz* Ángel *está en el patio de butacas, agarrado al borde del escenario.* Susi *lo sujeta y le ayuda a subir.*) ¡Ay dios, qué hostia me he dado!

Susi Venga, sube...

Ángel ¡No me sueltes! ¡No me sueltes te lo pido por favor!

(*Lo sube...*)

Susi No te soltaré nunca. (*Se sientan los dos en el suelo.*) ¡Qué susto me has dado!

Ángel Es que resbalé y...

Susi Menos mal que estaba ahí eso...

Ángel Sí... ¡Ha sido un milagro!

(Se quedan mirando. El milagro ha sido otro. Se besan con mucha delicadeza. De pronto se oye un gran golpe y se levanta una gran polvareda. Se oye una VOZ *en off.)*

VOZ (*En off.*) ¡Alto! ¡Policía!

SUSI ¿Me dejas trescientos euros?

(Comienzan a reírse y a besarse mientras poco a poco, la luz se va.)

Fin.

Esta primera edición de *la azotea*,
de Juan Carlos Martín, terminó de imprimirse
en marzo de dos mil veinticuatro,
en Madrid.